AF332266

UNIVERSITÉ DE FRANCE.

FACULTÉ DE DROIT DE STRASBOURG.

ACTE PUBLIC

SUR LA

FILIATION DES ENFANS LÉGITIMES

OU NÉS PENDANT LE MARIAGE,

L'ÉCHÉANCE DE LA LETTRE DE CHANGE

ET LES

DOMMAGES-INTÉRÊTS DUS POUR CRIMES OU DÉLITS,

SOUTENU LE MARDI 14 JUIN 1836,

POUR OBTENIR LE GRADE DE LICENCIÉ EN DROIT,

PAR

J. P. J. VIMAL DE JAUZAT,

DE SAINT-PAL-DE-MURS (DÉPARTEMENT DE LA HAUTE-LOIRE).

STRASBOURG,

IMPRIMERIE DE G. SILBERMANN, PLACE SAINT-THOMAS, N° 5.

1836.

A MON PÈRE,

Témoignage de mon tendre et respectueux attachement.

J. P. J. VIMAL DE JAUZAT.

FACULTÉ DE DROIT DE STRASBOURG.

M. KERN, Doyen de la Faculté de Droit.

M. THIERIET, Président.

EXAMINATEURS:

MM. THIERIET . . . . }
AUBRY . . . . . } Professeurs.
KERN . . . . . }
BLOECHEL . . . . }
RAU . . . . Professeur-suppléant.

DROIT CIVIL.

DE LA FILIATION DES ENFANS LÉGITIMES OU NÉS DANS LE MARIAGE.

La nature n'indique par aucun signe quel peut être le père d'un enfant; l'ordre social exige cependant que l'état de tout enfant soit fixé; mais comment procéder dans cet état d'incertitude? A défaut de preuves, on a dû recourir aux présomptions. Les plus probables étaient celles qui résultaient du mariage. La loi a donc dû décider que l'enfant conçu pendant le mariage aurait pour père le mari.

Le mariage est le signe légal qui doit indiquer la paternité. On n'a pas voulu laisser au mari de la femme qui serait accouchée, la faculté d'avouer ou de désavouer l'enfant. Aux yeux de la loi civile, cet enfant aura pour père le mari; c'est une qualité de droit qu'il tient de la loi.

Mais quand la loi a ainsi gratifié l'enfant, c'est qu'elle a pensé qu'il était le fruit légitime du mariage; cette présomption seule a dû lui faire accorder cette qualité.

1

On comprend que la loi n'a pu vouloir que ce qui était juste, et quand elle a voulu que l'enfant eût pour père le mari, elle n'a pu le vouloir d'une manière tellement absolue, que si ce dernier pouvait justifier qu'il n'est point le père de l'enfant, elle le maintînt cependant dans cette qualité malgré lui.

C'eût été un acte de l'injustice la plus révoltante, et la loi a dû permettre au mari de désavouer l'enfant, quand il pourra prouver qu'il n'est point le fruit de ses œuvres ; mais il ne sera admis à faire cette preuve que dans les cas déterminés par la loi elle-même.

Les enfans dont la loi a permis le désaveu, ou la contestation de la légitimité, sont compris dans les trois catégories suivantes :

1° Ou ils sont conçus avant le mariage et nés après sa célébration ;

2° Ou ils sont conçus et nés pendant le mariage ;

3° Ou ils sont nés plus de trois cents jours après la dissolution du mariage.

Nous allons successivement nous occuper de ces trois classifications.

Nous avons dit plus haut que le seul fait de la naissance de l'enfant pendant le mariage le constituait en position d'état d'enfant légitime. Il sera donc admis à réclamer les droits que lui confère cette qualité, tant qu'il n'en aura pas été dépouillé, et il ne pourra l'être que sur la demande en désaveu exercée contre lui par son père putatif, dans l'un des cas déterminés par la loi.

Le premier qui se présente naturellement, est celui où l'enfant sera né avant le cent quatre-vingtième jour de mariage. Les observations de la médecine ayant démontré d'une manière certaine que l'époque la plus longue de la gestation était de trois cents jours et la plus courte de cent quatre-vingts, l'on comprend facilement que l'enfant qui sera né avant le cent quatre-vingtième

(3)

jour de mariage, ne pourra être le fruit de ce mariage. La loi a
donc accordé au mari la faculté de désavouer cet enfant; mais
s'il était né le cent quatre-vingtième jour, il serait présumé conçu
depuis la célébration du mariage, et le mari ne saurait être admis à le désavouer.

Ce principe n'est cependant pas sans exception. Nous en trou-
vons trois comprises dans l'art. 314. Elles portent que le mari ne
pourra désavouer l'enfant :

1° S'il a eu connaissance de la grossesse avant le mariage;

2° S'il a assisté à l'acte de naissance, et si cet acte est signé de
lui ou contient sa déclaration de ne savoir signer;

3° Si l'enfant n'est pas déclaré viable.

Dans ces trois cas, quoique l'enfant soit venu au monde avant
le cent quatre-vingtième jour du mariage, le mari ne pourra le
désavouer, parce qu'on doit présumer que s'il a épousé une
femme qu'il savait enceinte, c'est qu'elle l'était probablement de
ses œuvres, et qu'en l'épousant il a voulu donner un état à l'enfant qu'elle portait dans son sein, état qu'il ne peut lui enlever
par un changement de volonté, pas plus que dans le cas où il
aura assisté à l'acte de naissance sans faire aucune protestation,
et qu'il l'aura signé ou déclaré ne savoir signer, laquelle déclaration doit paraître suffisante. Il aura, par ces différens actes,
reconnu la légitimité de l'enfant que la loi l'autorisait à désavouer, et cette reconnaissance une fois faite, il ne peut revenir;
elle fixe à tout jamais le sort de l'enfant.

Pareillement il ne pourra désavouer l'enfant qui ne sera pas déclaré viable, le motif d'une semblable disposition est qu'on doit
supposer que cet enfant n'est pas venu à terme, puisque sa consti-
tution imparfaite fait qu'il ne peut conserver la vie; ce serait d'ailleurs un désaveu sans motif, puisqu'il ne peut nuire à personne,
et qu'aux termes de l'art. 725 du Code civil il est exclu du droit de
succéder.

1.

On s'est demandé, si la disposition de l'article qui déclare le mari non recevable à intenter l'action en désaveu dans les cas précités était limitative. La jurisprudence s'est généralement prononcée pour la négative, et M. Proudhon en donne un excellent motif, quand il dit, « qu'on peut renoncer à l'exercice d'une action « sans être tenu d'employer pour cela une forme plutôt qu'une « autre, et que le mari, comme tout autre, doit être non rece- « vable à revenir contre son propre fait, en désavouant ce qu'il a « d'abord confessé, et en voulant ouvrir une action à laquelle il a « renoncé. »

Mais est-il nécessaire alors que le mari ait reconnu l'enfant par acte authentique, ou bien une simple reconnaissance par acte privé devra-t-elle suffire à ce dernier?

Comme la loi ne déclare pas l'enfant illégitime de plein droit, mais qu'elle accorde seulement au mari le droit de le désavouer, on doit présumer que si le mari avait toujours cru que l'enfant lui fût étranger, il n'aurait jamais fait la déclaration par laquelle il le reconnaît, et dès-lors on doit être porté à croire qu'une reconnaissance par acte privé doit avoir le même effet que celle qui serait faite par acte authentique, et que le mari ne saurait revenir contre un semblable aveu de paternité.

Mais on ne pourrait prétendre lui enlever le droit d'action en désaveu de l'enfant, né cent quatre-vingts jours avant le mariage, parce que des liaisons intimes auraient existé entre lui et sa femme antérieurement au mariage, s'il était d'ailleurs prouvé qu'il n'a pas eu connaissance de la grossesse.

Ce sera donc à l'enfant qui voudra conserver sa qualité d'enfant légitime à faire preuve que son père putatif a eu connaissance de la grossesse avant le mariage; mais quel genre de preuves pourra-t-il employer? sera-t-il tenu de le prouver par des écrits ou seulement par témoins?

Locré nous apprend que dans la discussion qui eut lieu à ce sujet

(5)

à la commission du conseil chargée de présenter la rédaction dé-
finitive du Code, on avait d'abord voulu que l'enfant fût tenu de
faire la preuve que le mari avait eu connaissance de la grossesse
avant le mariage, au moyen d'écrits provenant du mari lui-même,
mais qu'on sentit qu'il arriverait rarement à l'enfant de pouvoir
se procurer de tels écrits, et l'on retrancha cette disposition ; d'où
il faut conclure qu'il peut faire cette preuve tant par écrit que
par témoins.

Nous venons de parler des enfans qui, conçus avant le mariage,
et nés après sa célébration, peuvent être désavoués par le mari ;
occupons-nous maintenant de ceux qui sont conçus et naissent pendant le mariage, et à l'égard desquels la même faculté est accordée
au mari.

La loi a accordé une telle faveur à l'enfant conçu et né pendant
le mariage, que le mari qui viendrait alléguer son impuissance na-
turelle, ne serait pas plus admis à le désavouer que celui qui prou-
verait l'adultère de sa femme, si toutefois cette dernière ne lui
avait pas caché la naissance.

On a senti combien il serait difficile, dans la première hypothèse, de bien apprécier une semblable preuve de désaveu, qui
donnerait toujours lieu à des débats scandaleux et outrageans
pour la morale ; l'on a d'ailleurs de graves reproches à adresser
au mari, qui a trompé la société et la femme qu'il a prise pour
épouse, le but constant du mariage ayant toujours été la procréa-
tion des enfans, *ad procreandos liberos ;* on a donc voulu qu'il ne
fût point écouté quand il prétendrait ainsi échapper à la présomption de paternité que la loi attache à l'union conjugale.

Dans la seconde, on peut croire que, malgré l'infidélité de la
femme, si le mari a cohabité avec elle, l'enfant peut lui appartenir.

Mais le mari pourra désavouer l'enfant, s'il prouve que, pendant le temps qui a couru depuis le trois centième jusqu'au cent

quatre-vingtième jour avant la naissance, il était, soit par cause d'éloignement, soit par suite de quelque accident, dans l'impossibilité physique de cohabiter avec sa femme, si enfin il prouve l'adultère de sa femme et que celle-ci lui ait caché la naissance de l'enfant.

En effet, si, au moment de la conception, époque qui ne peut être précisée que par celle de l'accouchement, le mari était dans un tel éloignement que tout rapprochement fût physiquement impossible entre eux, si une impuissance accidentelle, occasionée par une grave maladie, par une blessure ou tout autre accident, qui est laissé à l'appréciation des juges chargés de prononcer, le mettent dans l'impossibilité de cohabiter avec sa femme, évidemment de tels indices prouveraient que l'enfant n'est point de ses œuvres, et il sera admis à le désavouer.

Mais il ne pourra le faire, si l'enfant est né cent quatre-vingts jours après son retour, ou dans les trois cents jours depuis son éloignement; l'enfant est, dans le premier de ces deux cas, censé conçu depuis son arrivée, et dans le deuxième conçu avant son départ.

Le mari pourra toujours désavouer l'enfant, quand sa femme aura été convaincue d'adultère et qu'elle lui aura caché la naissance de l'enfant; mais la réunion de ces deux circonstances est de stricte rigueur. Le législateur a trouvé, dans ces deux faits, une preuve que l'enfant devait être le fruit du libertinage de la femme et il n'a pu l'autoriser à faire entrer dans la famille du mari, et cela malgré lui, un tel enfant.

Il y a cependant une grande différence entre celui-ci et l'enfant né avant le cent quatre-vingtième jour de mariage.

Le père qui veut désavouer ce dernier n'a qu'à prouver qu'il est venu au monde avant que cent quatre-vingts jours se fussent écoulés depuis le mariage, tandis que, pour l'autre, il doit prouver son éloignement lors de la conception, ou l'accident qui a rendu impossible toute cohabitation physique entre lui et sa femme.

Il nous reste à traiter le cas où l'enfant serait né plus de trois cents jours après la dissolution du mariage.

Commençons par signaler les expressions dont s'est servi le législateur. Comme dans les naissances dont il s'est agi précédemment, la loi n'a pas dit qu'on pourrait désavouer un tel enfant, mais bien que la légitimité de l'enfant né trois cents jours après la dissolution du mariage pourrait être contestée (art. 315).

La différence d'une telle rédaction provient de ce que l'action en désaveu n'appartient qu'au mari, tandis que l'action en contestation est intentée par d'autres personnes, quand c'est à cause du décès du mari qu'elle est intentée.

Jusqu'à présent nous avons vu l'enfant constamment favorisé par la loi; ici le tableau change. A la vérité, l'enfant né trois cents jours après la dissolution du mariage, n'est pas déclaré illégitime de plein droit; mais en autorisant tous les ayans-droit à contester sa légitimité, la loi a rendu l'état de cet enfant tellement précaire, que la moindre réclamation dirigée contre lui fait évanouir tous ses droits et en fait un enfant adultérin.

L'art. 315 du Code civil lui est cependant de quelque utilité en ce sens que, si le jour de la naissance n'était pas bien connu, s'il n'avait pas d'acte de naissance, ou si cet acte contenait des erreurs, il pourrait arguer de cet article, et chercher à prouver que l'instant de sa conception doit être rapporté au moment du mariage.

On ne trouve aucune part que le législateur ait fixé un délai, après lequel les ayans-droit ne seront plus admis à contester la légitimité de cet enfant, d'où il faut conclure qu'elle pourra toujours l'être utilement.

Il nous reste à faire une observation générale, c'est que les différentes causes de désaveu peuvent quelquefois concourir ensemble et se prêter un secours réciproque.

Dans les divers cas où le mari est autorisé à réclamer, il doit intenter son action en désaveu dans le mois, s'il se trouve sur les lieux de la naissance de l'enfant; dans les deux mois après son retour, si à la même époque il est absent; et dans les deux mois après la découverte de la fraude, si on lui avait caché la naissance de l'enfant (art. 316).

Ces délais expirés sans qu'il ait formé sa demande, il est censé avoir reconnu l'enfant pour sien et est déchu de tout droit de réclamer.

Quand l'article, dont est question, emploie le mot *absent*, on comprend que ce n'est point d'absence déclarée qu'il entend parler, mais bien d'une non-présence sur les lieux.

Si le mari est mort avant d'avoir fait sa réclamation, mais étant encore dans le délai utile pour la faire, ses héritiers auront deux mois pour contester la légitimité de l'enfant, à compter de l'époque où cet enfant se serait mis en possession des biens du mari, ou de l'époque où les héritiers seraient troublés par l'enfant dans cette possession qu'ils auraient prise eux-mêmes (art. 317).

Tout acte extrajudiciaire contenant le désaveu de la part du mari ou de ses héritiers, sera comme non avenu, s'il n'est suivi, dans le délai d'un mois, d'une action en justice, dirigée contre un tuteur *ad hoc* donné à l'enfant et en présence de sa mère (art. 318).

Il est de toute nécessité que l'enfant soit représenté dans les différentes procédures; on doit donc lui donner un tuteur, la loi n'ayant établi aucune exception pour cette circonstance; il lui sera donné de la manière ordinaire. Cependant, vu l'occurence, on doit penser que le conseil de famille, chargé de le nommer, pourrait n'être composé que de parens maternels.

On a demandé si d'autres personnes que celles qui succèdent, par exemple des parens plus éloignés, peuvent intenter l'action en désaveu. Cette action ne peut appartenir qu'au mari ou à ceux qui le représentent. Les légataires universels et à titre universel doivent aussi avoir ce droit parce qu'ils représentent le défunt et qu'ils succèdent activement et passivement dans toutes les actions de l'hérédité, chacun pour leur quote part (art. 1012).

Mais bien qu'un père, avant de mourir, eût désavoué l'enfant dont sa femme est enceinte, ses héritiers peuvent, à partir du jour de la naissance de l'enfant et dans les délais qui leur sont prescrits par les art. 317 et 318, exercer de leur chef l'action en désaveu, sans qu'ils soient obligés de suivre les erremens de l'action commencée par leur auteur.

DES PREUVES DE LA FILIATION DES ENFANS LÉGITIMES.

La filiation des enfans légitimes se prouve par les actes de naissance inscrits sur le registre de l'état civil (art. 319).

Le Code détermine ici les moyens de prouver la filiation sans s'occuper de la légitimité, car il suppose que l'enfant se présente à deux époux légitimement mariés et se prétend le fruit de leur union; dans cette hypothèse, la loi exige de lui qu'il présente d'abord son acte de naissance. En effet, cet acte consigné sur le registre de l'état civil renferme la preuve directe et authentique de l'accouchement de la mère, lorsqu'il a été fait de la manière prescrite par la loi, et par les personnes qu'elle a chargées du soin tant de faire la déclaration de la naissance que de rédiger l'acte; mais lorsqu'il n'y a pas de possession d'état jointe à ce titre, il ne prouve point l'identité de l'enfant; on peut donc exiger de lui des preuves qui constatent que cet acte de naissance est bien réellement le sien; les plus militantes seront celles qu'il tiendra de sa possession d'état. Mais d'abord expliquons ce qu'on entend par possession d'état. L'article 321 du Code civil nous apprend que c'est une réunion de faits qui indiquent le rapport de filiation et de parenté entre

un individu et la famille à laquelle il prétend appartenir; les prin-
cipaux sont que l'individu a toujours porté le nom du père auquel
il prétend appartenir; que le père l'a toujours traité comme son enfant et a pourvu en cette qualité à son entretien, à son éducation
et à son établissement; qu'il a été constamment reconnu par la famille et par la société pour l'enfant de celui auquel il prétend appartenir (art. 321).

La réunion de ces faits, ou seulement de quelques-uns, car le
législateur paraît n'avoir exigé ni leur concours absolu, ni les
avoir spécifié d'une manière limitative, devra constater la possession
d'état de l'enfant; cette preuve sera même de toutes les preuves de
filiation légitime la plus convaincante, tant parce qu'il lui serait
difficile de l'usurper, que parce qu'il l'a tient de ceux qui auraient
le plus d'avantage et de facilité à la lui contester, si elle n'était
pas véritable. Cette preuve, jointe à son acte de naissance, conforme à sa possession d'état, devra donc faire, en faveur de l'enfant, preuve complète de sa légitimité.

Aux termes de l'article 320, l'acte de naissance ne sera cependant pas d'une nécessité absolue, et la possession constante de l'état
d'enfant légitime devra lui suffire pour en exercer les droits.

On a pensé que dans bien des circonstances, cette possession
pouvait être une preuve plus forte que l'acte de naissance, laissant
bien moins de doute sur l'identité de la personne.

Une possession constante suffira bien à l'enfant, quoiqu'il n'ait
pas d'acte de naissance, mais elle ne le garantira pas de toute at-
teinte, le fait de l'enfantement n'étant pas suffisamment prouvé
du côté de la mère.

Il est à remarquer que quand l'article 320 dit qu'à défaut d'acte
de naissance, la possession d'état suffira, il décide qu'il en serait
autrement si l'on produisait l'acte de naissance et qu'il fût contraire à la possession, car alors on ne pourrait pas dire qu'on in-
voque la possession à défaut d'acte de naissance; cette possession

opposée à cet acte n'aurait aucun effet et il ferait foi jusqu'à inscription de faux, conformément à l'art. 45.

On voit, d'après ce qui précède, que l'acte de naissance sans la
possession d'état, la possession d'état sans l'acte de naissance, peuvent être combattus quand ils sont isolés et ne marchent pas de
front; mais, joints ensemble, ils forment une preuve irréfragable
et contre laquelle on ne saurait lutter; c'est ce que décide l'art.
322, qui porte que nul ne peut réclamer un état contraire à celui que lui donne son titre de naissance et la possession conforme
à ce titre, et réciproquement, que nul ne peut contester l'état de
celui qui a une possession conforme à son titre de naissance.

Mais il peut arriver que l'enfant n'ait ni acte de naissance ni
possession constante, qu'il ait même été inscrit sous de faux noms
ou comme né de père et mère inconnus; dans ces différens cas,
la preuve de filiation devra se faire par témoins. Néanmoins, dit
l'article 323, cette preuve ne pourra être admise que lorsqu'il y
aura un commencement de preuve par écrit, ou lorsque les présomptions ou indices résultant de faits dès-lors constans, seront
assez graves pour déterminer l'admission.

Le législateur n'a pu abandonner l'enfant, parce qu'il n'avait
ni titre ni possession, ou parce que son titre avait quelque chose
d'incomplet ou même qui tournait contre lui, et il a dû admettre
la voie de l'enquête; sa sollicitude pour l'enfant ne devait cependant pas l'égarer au point de lui permettre que, dénué de toute
preuve, il vînt apporter le trouble dans une famille en cherchant
à extorquer une possession d'état à laquelle il n'avait aucun droit.
Ces raisons il les a pesées, et en l'admettant à prouver sa filiation
par témoins, il y a mis la condition restrictive, que s'il n'avait
ni possession ni titre en sa faveur, il ne serait admis que quand
il aurait un commencement de preuve par écrit, ou des indices
assez graves pour faire admettre la preuve par témoins.

L'article 324 nous apprend que le commencement de preuves

par écrit peut être tiré des titres de famille, des registres et papiers domestiques du père ou de la mère, des actes publics ou privés, émanés d'une partie engagée dans la contestation, ou qui y aurait intérêt si elle vivait (art. 324).

Mais, ajoute l'article suivant, la preuve contraire pourra se faire par tous moyens propres à établir que le réclamant n'est pas l'enfant de la mère qu'il prétend avoir, ou même, la maternité prouvée, qu'il n'est pas l'enfant du mari de la mère (art. 325).

Il faut remarquer que quand l'enfant aura été inscrit sous de faux noms, ou comme appartenant à des père et mère incertains, il devra, avant de commencer ses poursuites en réclamation d'état, faire détruire les titres qui lui sont opposés, ce qu'il ne pourra faire que de la manière prescrite par la procédure sur le faux.

Après ces diverses explications, on doit se demander devant quels tribunaux seront portées les demandes en réclamation d'état.

L'article 326 décide que les tribunaux civils seront seuls compétens pour y statuer.

On aperçoit au premier coup d'œil le motif de cette disposition. En effet, l'article 323 exige un commencement de preuve par écrit de celui qui, sans titre, ni possession veut prouver par témoins sa filiation; or, les tribunaux criminels admettent toujours la preuve par témoins, lors même qu'il n'y a aucun commencement de preuve par écrit, ce que ne font pas les tribunaux civils; si donc il eût été permis de s'adresser à eux, on eût éludé l'article 323.

Il faut conclure de là que celui qui aura été inscrit sous un faux nom sur les registres de l'état civil, pour être recevable dans sa réclamation, devra poursuivre en faux contre le titre pour lequel on a supprimé son état; et ce n'est point une accusation de faux qu'il doit requérir par une plainte devant la justice criminelle, mais bien une simple inscription de faux qu'il sera tenu de former au civil.

(13)

L'action criminelle contre le délit de suppression d'état ne
pourra même commencer qu'après le jugement définitif sur la
question d'état (art. 327). Si donc le tribunal civil a cru devoir
admettre la demande de l'enfant, le tribunal criminel, dans l'intérêt de la vindicte publique, pourra immédiatement commencer les poursuites criminelles; mais le jugement civil ne sera pas
toujours un motif pour que le tribunal criminel admette la cul-
pabilité, car il peut y avoir erreur dans le fait sans qu'il y ait
crime.

L'action en réclamation d'état est imprescriptible à l'égard de
l'enfant (art. 328).

Quelque long que soit son silence, il pourra toujours réclamer
son état; la prescription ne s'applique qu'aux choses qui sont
dans le commerce, et non à ce qui tient aux qualités des personnes ou à leur état, choses qui se trouvant essentiellement ina-
liénables, doivent être imprescriptibles.

Mais l'enfant peut décéder sans avoir formé sa réclamation. On
peut dire alors que les héritiers ne viendront pas réclamer un
état personnel, mais bien un intérêt pécuniaire que leur trans-
met leur auteur. Dans ce cas, la loi ne leur accorde le droit d'intenter leur demande, si l'enfant a omis de la former, qu'autant
qu'il est décédé mineur ou dans les cinq ans qui ont suivi sa majorité. On tire alors de son silence la présomption qu'il a renoncé à son droit, ou qu'il a jugé être peu fondé à réclamer.

Les héritiers peuvent encore suivre l'action en réclamation,
lorsqu'elle a été commencée par l'enfant, à quelque époque qu'il
soit mort, à moins qu'il ne s'en fût lui-même désisté, ou qu'il
n'eût laissé passer trois années sans poursuites, à compter du dernier acte de la procédure (art. 330).

Il est important de remarquer que l'action en réclamation d'é-
tat, quand l'enfant est mort pendant les cinq ans qui suivent la
majorité, ou lorsqu'il l'avait lui-même formée, est transmise seu-

lement à ses héritiers; elle n'est donc considérée que comme faisant partie de la succession du défunt, d'où il résulte que si son fils avait renoncé à sa succession, il ne pourrait plus réclamer au nom de son père, pour s'ouvrir l'entrée dans une famille, afin de pouvoir plus tard succéder aux membres de cette famille; car il ne doit plus être permis d'intenter une action que la loi n'accorde qu'à l'héritier du défunt.

Le Code ne s'explique pas sur la question de savoir pendant quel temps les héritiers sont recevables à former la demande non intentée par le défunt. Cette prescription doit donc être soumise aux règles du droit commun, et se prescrire comme les actions personnelles, c'est-à-dire par trente ans (art. 2262).

JUS ROMANUM.

DE NUPTIIS.

I. Nuptiæ, viri et mulieris conjunctio individuam vitæ consuetudinem continens, definiri debent.

II. Datur propter nuptias actio ex stipulatu.

III. Consensus patris requiritur in nuptiis liberorum, at non ejus subscriptio.

IV. Nuptiis filii pater qui non adversatur, consentire intelligitur, et natum ex eo nepotem alere cogitur. At aliud si ignorat jussum igitur præcedere non est necesse; cùm sufficiat post cognitas nuptias non contradicere.

V. Nec affinium, nec cognatorum, nec curatoris qui solam rei familiaris sustinet administrationem, ulla auctoritas potest intervenire.

VI. Matrimonium metu contractum non jure subsistit et semper dissolvi potest.

VII. Fert, Justiniani constitutio, posse filium furiosi, sine patris consensu sibi ducere sponsum à fortiori, potest filia ducere sponsorem.

VIII. Cognatio adoptiva, impedit semper nuptias inter parentes ac liberos, sed non inter fratres et sorores adoptivos, dissolutâ adoptione.

IX. Nemini licet contrahere matrimonium cum filiâ, nepte, vel pronepte, cum matre, aviâ, vel proaviâ, cum amitâ, vel materterâ, cum sorore, sororis filiâ, et ex eâ nepte, cum fratris filiâ, et ex eâ nepte, cum affinibus privignâ, novercâ, nuru, socrû.

X. Consobrini possunt, sive ex duobus fratribus, sive ex duabus sororibus inter se habere connubium.

XI. Qui officium administrat in aliquâ provinciâ, indè oriundam, vel domicilio habentem, uxorem ducere non potest.

XII. Senatores libertinam uxorem ducere non possunt, illumve cujus pater aut mater ludicrum fecerit, sic libertinus filiam senatoris.

XIII. Qui prohibitas contrahunt nuptias pœnis constitutionibus latis, mulctuntur.

<hr>

DROIT COMMERCIAL.

DE L'ÉCHÉANCE DE LA LETTRE DE CHANGE.

Les opérations commerciales demandent toujours la plus grande activité: aussi voyons-nous, dans notre Code de commerce, le lé-

gislateur affranchir le commerçant de toute entrave, et lui imposer
une procédure facile et rapide.

Il est peu de titres qui méritent de fixer son attention d'une
manière aussi spéciale que ceux qui ont trait à la lettre de change;
elle a donné aux relations commerciales une telle facilité et une
telle extension, qu'elle peut être regardée comme l'âme du commerce; aussi sa découverte doit-elle être considérée comme une
des plus précieuses.

Toutefois ce bienfait n'aurait pas toujours produit les meilleurs
résultats, si le législateur n'eût pris soin d'entourer la lettre de change
de certaines formalités qui sont la garantie des fortunes: aussi le
voyons-nous, en cette matière, ordonner et prescrire des mesures
qui sont de toute rigueur, et dont on ne peut s'écarter.

Toute lettre de change, dit l'article 129 du Code de commerce,
peut être tirée
A vue,
A un ou plusieurs jours
A un ou plusieurs mois } de vue;
A une ou plusieurs usances
A un ou plusieurs jours
A un ou plusieurs mois } de date;
A une ou plusieurs usances
A jour fixe ou à jour déterminé,
En foire.

La lettre de change à vue est payable à sa présentation; elle est
échue du moment qu'on la présente, et le porteur est en droit d'en
demander le paiement.

L'échéance d'une lettre de change à un ou plusieurs jours, à un
ou plusieurs mois, à une ou plusieurs usances de vue, est fixée par
la date de l'acceptation, ou par celle du protêt faute d'acceptation
que doit faire faire le porteur, conformément à l'art. 125.

Le terme de ces lettres de change doit courir du lendemain de

leur présentation, qui se trouve constaté par l'acceptation du débiteur, ou par le protêt qui contient son refus d'accepter.

L'usance est de trente jours. Le législateur, dans la vue de faci-
liter les commerçans, a voulu, à cause de l'inégalité des mois, qu'on
pût, dans la lettre de change, faire usage de cette période de temps,
comme présentant plus d'uniformité.

Elle court du lendemain de la date de la lettre de change.

Les mois sont tels qu'ils sont fixés par le calendrier grégorien.
Ils se comptent d'un quantième au quantième correspondant. La
cour de cassation a fait disparaître à cet égard toutes les difficultés
qui s'élevaient au sujet des années bissextiles [1].

Toute lettre de change payable en foire est échue la veille du
jour fixé pour la clôture de la foire, ou le jour même de la foire,
si elle ne dure qu'un jour.

Quand l'échéance d'une lettre de change est à un jour férié légal, elle est payable la veille (art. 134).

Le porteur d'une lettre de change, payable un jour férié légal,
pourra donc se présenter la veille du jour où cette lettre de change
est payable, mais il ne pourra faire faire le protêt que le lendemain du jour férié, ou des jours fériés, s'il s'en trouve plusieurs de
successifs. Il se trouvera donc dans la même position que celui qui
aurait une lettre de change payable le jour même de la fête.

Les fêtes légales sont le dimanche, les quatre fêtes reconnues par
la loi du 18 germinal an X, le jour de l'an qui fut compris par un
avis du conseil d'État, approuvé le 20 mars 1810. Le 21 janvier y
avait été ajouté d'après la loi du 18 janvier 1816; mais depuis 1830,
on a cru devoir rapporter cette loi.

On voit par la combinaison des art. 161 et 162 du Code de commerce que le payeur d'une lettre de change a tout le jour de
l'échéance pour solder, puisque le porteur ne peut faire faire le

1 Arrêts du 17 février 1818 et 21 juillet suivant.

protêt que le lendemain. La présentation au jour de l'échéance n'est pas de rigueur, la loi n'y ayant attaché aucune peine.

Par une dernière disposition, relative à l'échéance de la lettre de change, le législateur a voulu que tous les délais de grâce, de de faveur, d'usage ou d'habitude locale, fussent abrogés.

Ces délais, accordés par l'ordonnance de 1673, et qui n'en variaient pas moins dans certains pays, apportaient à la vérité une grande entrave au commerce, puisqu'ils permettaient au débiteur de suspendre le paiement ou autorisaient le porteur à retarder le protêt jusqu'après leur expiration; mais on peut dire que le législateur est allé trop loin dans la nouvelle loi, et qu'elle est parfois difficile à exécuter; en effet, il peut arriver qu'on ait une lettre de change sur quelque habitant de la campagne, et où il ne se trouve ni huissier ni notaire: il faut d'abord s'y transporter pour savoir si elle sera payée; dans le cas où elle ne le serait pas revenir pour la remettre à l'officier ministériel chargé de faire le protêt; or, la loi donne un délai fort court, de telle sorte qu'on peut être exposé à de graves inconvéniens, d'où il faut conclure, en terminant, que ce dernier article mérite révision.

INSTRUCTION CRIMINELLE.

DES DOMMAGES-INTÉRÊTS DUS POUR CRIME OU DÉLIT.

L'intérêt de la société demande que tous crimes et délits soient sévèrement réprimés.

Cette répression ne peut s'exercer que par l'application des peines portées par la loi. On sent, en effet, que la crainte seule des châtimens peut retenir un grand nombre de personnes et contribue ainsi à la sécurité des citoyens.

Mais le législateur n'aurait rempli qu'une partie de sa tâche si l'intérêt général lui avait fait négliger les intérêts particuliers de ceux qui auraient été les victimes des crimes ou délits; s'il a dû s'armer du glaive de la loi pour frapper les coupables, dans l'intérêt de la société, il a dû pareillement étendre sa sollicitude sur les personnes lésées, puisqu'elles seules ont à souffrir des crimes ou délits.

Aussi a-t-il voulu que quiconque éprouverait quelque dommage, par suite d'un crime, d'un délit ou d'une contravention, pût exercer contre celui qui s'en serait rendu coupable une action en réparation de dommages-intérêts.

Il est en effet de toute justice que celui qui, par son méfait, aura fait supporter à quelqu'un une perte plus ou moins considérable, soit tenu de réparer le tort qu'il lui aura occasioné.

Il ne peut suffire à la partie lésée que le coupable expie son attentat par l'application des peines prononcées contre lui; ce dernier est encore tenu d'une dette sacrée : celle d'indemniser sa victime.

Cette dernière ne sera pas la seule à qui appartienne le droit d'intenter l'action civile: ses héritiers, si elle vient à mourir avant le délai de la prescription, seront admis à intenter l'action civile, si d'ailleurs elle n'a pas commencé elle-même les poursuites, ou s'il n'est pas intervenu de transaction à ce sujet. Dans le cas où les poursuites auraient été commencées par le défunt, elles pourront également être continuées par ses héritiers s'il ne s'est pas écoulé trois ans depuis le dernier acte de la procédure; car alors, aux termes de l'art. 397 du Code de procédure civile, il y aurait péremption.

La cour de cassation a cependant jugé que l'action civile en réparation d'une injure ne pouvait être poursuivie que par celui qui avait reçu l'injure, ou par le tiers sur lequel elle avait rejailli indirectement. [1]

1 Arrêt du 14 germinal an XIII.

Dans tous les autres cas la loi a voulu que les héritiers des parties lésées jouissent des mêmes droits que ceux qu'ils représentent ; elle a même voulu que quand il y aurait des restitutions à demander, ils pussent, comme leurs auteurs, en cas d'insuffisance des biens du prévenu, primer, quant à ces droits, le trésor public eu égard à ceux qu'il a pour le paiement de l'amende prononcée par le jugement.

Cette préférence n'est pas la seule qui ait été accordée à la partie lésée; si l'action publique pour l'application de la peine s'éteint par la mort du prévenu, et ne peut atteindre ses héritiers même pécuniairement, ils ne jouissent pas du même avantage, en ce qui touche la partie civile; représentans du défunt et héritiers de sa fortune, le législateur a voulu qu'ils fussent tenus de réparer la faute de leur auteur.

Les personnes lésées ne se verront donc pas exposées par la mort du coupable, à ne trouver aucun dédommagement à leur malheur. Elles auront contre les héritiers du défunt les mêmes droits qu'elles avaient contre lui-même, et dans le cas où il n'aurait pas encore été statué sur les dommages qui leur sont dus, ou qu'il n'y aurait pas de jugement en dernier ressort, ou passé en force de chose jugée, elles pourront procéder devant les tribunaux pour se faire adjuger les dommages-intérêts qu'elles réclament.

L'action civile pourra être poursuivie en même temps et devant les mêmes juges que l'action publique.

Elle pourra aussi l'être séparément; mais, dans ce cas, l'exercice en sera suspendu tant qu'il n'aura pas été prononcé définitivement sur l'action publique intentée avant ou pendant la poursuite de l'action civile (art. 3 du Code d'inst. crim.). Il y a cependant un grand nombre d'exceptions à ce principe général. (Voy. Code de com. 600; Code d'inst. crim. 66, 145, 358, 362, 366, 429, 585, 635; Code civil 235; Code pénal 117.)

FIN.